全国技工院校市场营销专业（中级技能层级）
全国中等职业学校市场营销专业

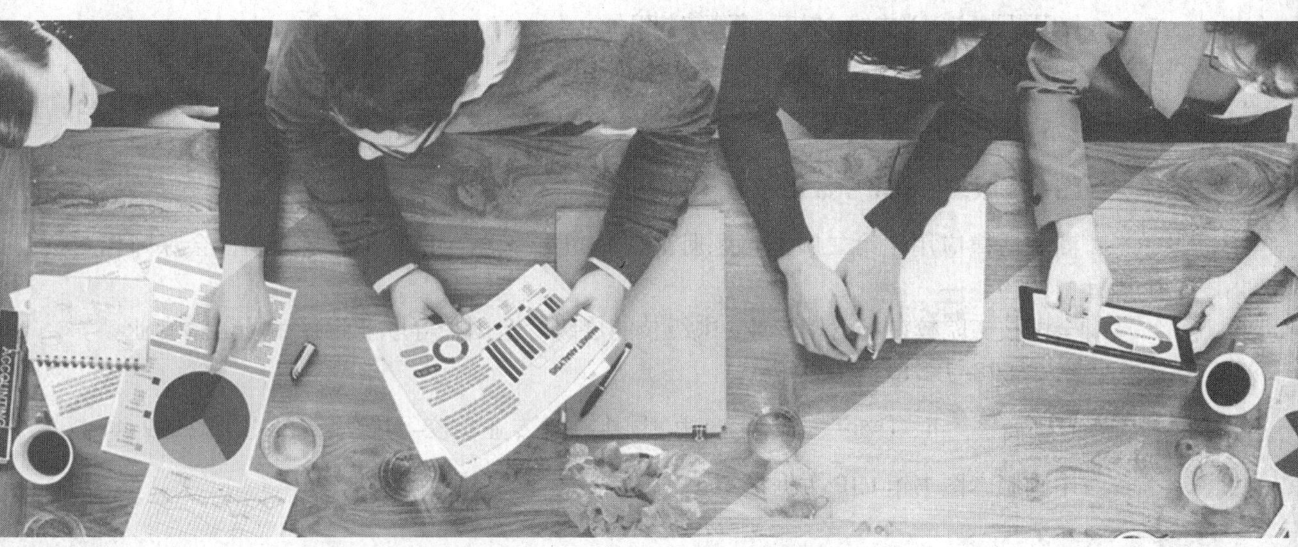

MARKETING

商务法律应用（第二版）习题册

刘海光　主编

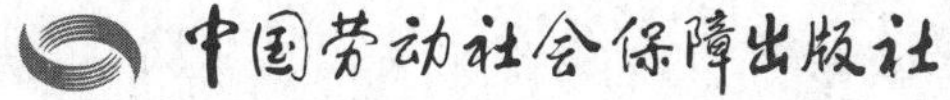

简介

本习题册与全国技工院校市场营销专业（中级技能层级）、全国中等职业学校市场营销专业教材《商务法律应用（第二版）》配套使用。习题册内容紧扣教材的教学要求，既注重基础知识的巩固，又强调基本能力的培养。题型有名词解释、单项选择题、多项选择题、判断题、简答题及案例分析题。

本习题册由刘海光主编，熊庆、郭燕参加编写。

图书在版编目（CIP）数据

商务法律应用（第二版）习题册 / 刘海光主编. -- 北京：中国劳动社会保障出版社，2019

全国技工院校市场营销专业. 中级技能层级　全国中等职业学校市场营销专业

ISBN 978-7-5167-4034-7

Ⅰ.①商…　Ⅱ.①刘…　Ⅲ.①商法-中国-中等专业学校-习题集　Ⅳ.①D923.99-44

中国版本图书馆 CIP 数据核字（2019）第 098452 号

中国劳动社会保障出版社出版发行

（北京市惠新东街 1 号　邮政编码：100029）

*

三河市潮河印业有限公司印刷装订　新华书店经销

787 毫米 × 1092 毫米　16 开本　3 印张　44 千字

2019 年 6 月第 1 版　2021 年 6 月第 2 次印刷

定价：6.00 元

读者服务部电话：（010）64929211/84209101/64921644

营销中心电话：（010）64962347

出版社网址：http://www.class.com.cn

http://jg.class.com.cn

目录

绪论

一、名词解释

1. 法律关系

2. 法律责任

二、选择题

单项选择题

1. 管制、拘役、有期徒刑、无期徒刑、死刑属于（　　）。

A. 刑事责任　　B. 行政责任

C. 主刑　　D. 附加刑

2. 停止侵害、排除妨碍、消除危险、返还财产属于（　　）。

A. 刑事责任　　B. 行政责任

C. 民事责任　　D. 行政处罚

多项选择题

3. 法律关系由三个基本要素构成，即（　　）。

A. 法律关系主体　　B. 法律关系客体

C. 法律关系内容　　D. 社会关系

4. 法律关系的主体包括（　　）。

A. 公民（自然人）　　B. 国家

C. 义务主体　　D. 机构与组织（法人）

5. 法律关系的客体包括（　　）。

A. 公民　　B. 精神产品

C. 行为　　D. 物

6. 法律关系的内容包括（　　）。

A. 法律权利　　B. 法律义务

C. 法律责任　　D. 法律主体

三、判断题

1. 罚金、剥夺政治权利、没收财产、驱逐出境是刑事责任中的主刑。（　　）

2. 警告、罚款、没收违法所得、责令停产停业是行政处分。（　　）

3. 法律关系客体是指法律关系主体之间权利和义务所指向的对象。（　　）

4. 人通过某种物体或大脑记载下来并加以流传的思维成果叫作精神产品。（　　）

四、简答题

1. 法律关系的特征是什么？

2. 民事责任的具体形式有哪些？

五、案例分析题

张华现年 9 周岁，某日她在家中观看电视购物节目后，通过电话订购了一部价值 3 500 元的手机。第二天，商场送货上门，她的父母才知道此事。

问题：

（1）张华的父母十分生气，不同意付款，并告知送货人员，张华还小，没有权利作出购买手机的决定。这种情况应如何处理？

（2）假设张华现年 17 周岁，这种情况应如何处理？

（3）假如张华现年 7 周岁，因考试成绩优异接受了叔叔赠与的一部笔记本电脑，请问该受赠行为是否有效？

第一章　公司法

一、名词解释

1. 公司

2. 公司法

3. 有限责任公司

4. 股份有限公司

5. 公司合并

二、选择题

单项选择题

1. 下列不属于有限责任公司特征的是（　　）。

A. 公司的全部资本不划分为等额股份

B. 公司能发行股票

C. 公司股份转让有严格限制

D. 公司股东人数有法定限制

2. 下列不属于公司经理职权范围的是（　　）。

A. 组织实施公司年度经营计划

B. 拟订公司内部管理机构设置方案

C. 拟订公司基本管理制度

D. 负责召集股东会

3. 下列有关公司章程说法正确的是（　　）。

A. 一人公司的设立无须制定章程

B. 股份有限公司的章程具有公开性，其内容要对投资人以及包括债权人在内的一般社会公众公开，所以股份有限公司的章程对公司债权人也有效

C. 有限责任公司和股份有限公司修改公司章程的决定都必须经代表 2/3 以上表决权的股东通过

D. 公司章程变更，必须由公司董事会提议

4. 下列有关公司设立方式说法正确的是（　　）。

A. 股份有限公司和有限责任公司都是由董事会来申请设立登记的

B. 一人公司的设立采取核准主义

C. 股份有限公司的募集设立是指由发起人认购公司应发行股份的一部分，其余股份向社会公开募集的设立方式

D. 有限责任公司只能采取发起设立的方式，由全体股东出资设立

5. 下列关于有限责任公司注册资本说法正确的是（　　）。

A. 有限责任公司的注册资本为在公司登记机关登记的全体股东实缴的出资额

B. 有限责任公司全体股东的首次出资额不得低于注册资本的 20%，也不得低于法定的注册资本最低限额，其余部分由股东自公司成立之日起 2 年内缴足；其中，投资公司可以在 5 年内缴足

C. 有限责任公司注册资本的最低限额为人民币 5 万元，一人有限责任公司注册资本的最低限额为人民币 10 万元

D. 以生产经营为主的有限责任公司的注册资本不得少于人民币 50 万元

6. 甲、乙、丙三人共同组建一家有限责任公司。公司成立后，甲将其 20% 股权中的 5% 转让给第三人丁，丁通过受让股权成为公司股东。甲、乙均按期足额缴纳出资，但发现由丙出资的机器设备的实际价值明显低于公司章程所确定的数额。对此表述正确的是（　　）。

A. 由丙补缴其差额，甲、乙和丁对其承担连带责任

B. 丙应当向甲、乙和丁承担违约责任

C. 由丙补缴其差额，甲、乙对其承担连带责任

D. 丙应当向甲、乙承担违约责任

7. 有限责任公司不同于合伙企业的特点之一是（　　）。

A. 以营利为目的

B. 具有法人资格

C. 有独立的名称

D. 独立对外签订合同

8. 某有限责任公司设立董事会，在具体操作过程中正确的是（　　）。

A. 该公司董事会由 14 人组成

B. 该董事会设董事长 2 人

C. 董事长的产生办法由公司章程决定

D. 每届董事的任期为 4 年

9. 下列关于有限责任公司股权说法不正确的是（　　）。

A. 公司应向股东发放出资证明书，出资证明书是股权的证明文件

B. 公司应配置股东名册，股东可以依股东名册行使股东权利

C. 股东的姓名或名称和出资额应在公司登记机关登记

D. 未在公司登记机关登记的股东不享有股东权利

10. 下列有关公司合并或分立表述不正确的是（　　）。

A. 公司合并或分立均需由公司权力机关作出决议

B. 公司合并或分立均需经过清算程序

C. 公司分立前的债务由分立后的公司承担连带责任

D. 公司合并产生债权债务概括转移的效力

多项选择题

11. 张某为避免合作矛盾，不想与人合伙或合股办企业，欲自己单干。朋友对此提出以下建议，其中正确的有（　　）。

A. 可选择开办独资企业，也可选择开办一人公司

B. 如选择开办一人公司，那么注册资本不能少于人民币 10 万元

C. 如选择开办独资企业，则必须自己进行经营管理

D. 可同时设立一家一人公司和一家独资企业

12. 具有（　　）情形的，股份有限公司的股东大会应当在 2 个月以内召开临时股东大会。

A. 董事人数不足《中华人民共和国公司法》（以下简称《公司法》）规定的人数或者公司章程所规定人数的 2/3

B. 公司未弥补的亏损达股本总额 1/4 时

C. 单独或者合计持有公司股份 10% 以上的股东请求召开临时股东大会

D. 董事会认为有必要召开临时股东大会或者监事会提议召开临时股东大会

13. 我国《公司法》规定，公司变更主要包括（　　）。

A. 公司名称

B. 住所

C. 法定代表人

D. 注册资本

E. 公司组织形式

14. 下列关于股份有限公司设立的表述符合《公司法》规定的有（　　）。

A. 股份有限公司的发起人最多为 200 人

B. 发起人之间的关系属于合伙性质

C. 采取募集方式设立时，发起人不能分期缴纳出资

D. 发起人之间如发生纠纷，该纠纷的解决应当同时适用《中华人民共和国

合同法》(以下简称《合同法》) 和《公司法》

15. 某股份有限公司欲通过募集设立方式设立，下列说法正确的有（　　）。

A. 该公司如采用向社会公开募集股份的方式设立，因为其还应向公司登记机关提交证券监督管理机构的核准文件，故该企业的设立采取的是核准主义

B. 该公司召开了创立大会，如果发生了不可抗力或者经营条件发生重大变化直接影响公司设立，创立大会经出席会议的认股人所持表决权过半数就可以通过不设立公司的决议

C. 该公司召开了创立大会，如果全体认股人一致同意不设立公司，则不问任何原因，可以作出不设立公司的决议

D. 该公司成立后，公众可以向公司登记机关申请查询公司登记事项，公司登记机关不得拒绝

16. 下列有关公司股东说法正确的有（　　）。

A. 公司股东依法享有股东权利并承担相应义务

B. 公司股东可分为自然人股东和法人股东

C. 股东资格的取得分为原始取得与继受取得

D. 正确认定股东的资格是解决股权转让纠纷的前提

17. 下列属于公司强制解散原因的有（　　）。

A. 主管机关决定

B. 依法被吊销营业执照

C. 被主管机关责令关闭或者被撤销

D. 公司经营管理发生严重困难，存续会使股东利益受到重大损失，通过其他途径不能解决

18. 新月公司是一家由国家授权投资的机构单独投资设立的国有独资公司，关于新月公司定位及经营管理的一些问题，公司内部的看法不太一致，因此，该公司特向律师进行咨询。下列关于新月公司性质问题说法不正确的有（　　）。

A. 新月公司是有限责任公司

B. 新月公司不是有限责任公司

C. 新月公司是股份有限公司

D. 新月公司是上市公司

19. 公司章程应包括的内容有（　　）。

A. 公司名称和住所

B. 公司经营范围

C. 公司注册资本

D. 股东姓名或名称

20. 监事会应行使的职权有（　　）。

A. 检查公司的财务

B. 提议召开临时股东会会议

C. 对董事、经理执行公司职务时违反法律、法规或者公司章程的行为进行监督

D. 当董事和经理的行为损害公司的利益时，要求董事和经理予以纠正

三、判断题

1.《公司法》所称公司是指依照《公司法》在中国境内与国外设立的有限责任公司和股份有限公司。（　　）

2. 公司是企业法人，有独立的法人财产，享有法人财产权。公司以其全部财产对公司的债务承担责任。（　　）

3. 有限责任公司的股东以其认缴的股份为限对公司承担责任，股份有限公司的股东以其认购的出资额为限对公司承担责任。（　　）

4. 公司股东依法享有资产收益、参与重大决策、参与公司日常管理和选择管理者等权利。（　　）

5. 设立公司，应当依法向公司登记机关申请设立登记。（　　）

6. 符合《公司法》规定的设立条件的，由公司登记机关分别登记为有限责任公司或者股份有限公司；不符合《公司法》规定的设立条件的，不得登记为有限责任公司或者股份有限公司。（　　）

7. 法律、行政法规规定设立公司必须报经批准的，应当在公司登记前依法

办理批准手续。（ ）

8. 依法设立的公司，由税务机关发给公司营业执照。（ ）

9. 公司营业执照签发日期为公司成立日期。（ ）

10. 依照《公司法》设立的有限责任公司，不得在公司名称中标明有限责任公司或者有限公司字样。（ ）

四、简答题

1. 简述公司的特征。

2. 公司章程的特点有哪些？

3. 股东出资的种类有哪些？

4. 简述公司合并的条件与程序。

5. 股份有限公司的法律特征是什么？

五、案例分析题

甲、乙、丙、丁、戊拟共同组建一家带有有限责任性质的饮料公司，注册资本 200 万元，公司拟不设董事会，由甲任执行董事，不设监事会，由丙担任公司监事。饮料公司成立后经营一直不景气，已欠 A 银行贷款 100 万元未还。经股东会决议，决定把饮料公司唯一盈利的保健品车间分出去，另成立有独立法人资格的保健品厂。后饮料公司增资扩股，乙将其股份转让给 C 公司。

问题：

（1）饮料公司的组织机构设置是否符合《公司法》的规定？为什么？

（2）饮料公司设立保健品厂的行为在《公司法》中属于什么性质的行为？设立后，饮料公司原有的债权债务应如何承担？

第二章　合同法

一、名词解释

1. 合同

2. 要约

3. 要约邀请

4. 承诺

5. 代位权

6. 撤销权

7. 合同的终止

8. 合同的变更

9. 全面履行原则

10. 合同的转让

二、选择题

单项选择题

1. 下列关于要约和要约邀请表述错误的是（　　）。

A. 要约是希望和他人订立合同的意思表示

B. 要约邀请是希望他人向自己发出要约的意思表示

C. 要约必须内容具体，而且要表明经受要约人承诺，要约人即受该意思表示约束

D. 商业广告属于要约邀请

2. 下列不属于双务合同履行中的抗辩权的是（　　）。

A. 同时履行抗辩权　　B. 先诉抗辩权

C. 顺序履行抗辩权　　D. 不安抗辩权

3. 要约不失效的情形为（　　）。

A. 受要约人拒绝要约的通知到达要约人

B. 要约人依法撤销要约

C. 承诺期限届满，受要约人没有向要约人作出承诺

D. 受要约人对要约内容作出非实质性变更

4. 许某（15 岁）与袁某（35 岁）签订了一份游戏机买卖合同，由许某将其 2 台游戏机以合计 300 元的价格卖给袁某。对该合同分析正确的是（　　）。

A. 该合同为可撤销合同

B. 该合同为效力待定合同

C. 袁某无权要求撤销该合同

D. 即使袁某订立合同时知悉许某尚未成年，袁某也可要求撤销该合同

5. 无效合同是指（　　）。

A. 未生效的合同

B. 失去法律效力的合同

C. 自始至终没有法律效力的合同

D. 法院或仲裁机构确认为无效时起不生效的合同

6. 某手表厂为纪念千禧年特制纪念手表 2 000 只，每只售价 2 万元。其广告宣传的主要内容为：①纪念表为金表；②纪念表镶有进口钻石。后经证实，该纪念表为镀金表，进口钻石为进口人造钻石，每粒价格为 1 元。手表成本约 1 000 元。为此，购买者与该手表厂发生纠纷。该纠纷处理结果应是（　　）。

A. 按无效合同处理，理由为欺诈

B. 按可撤销合同处理，理由为欺诈

C. 按可撤销合同处理，理由为重大误解

D. 按有效合同处理

7. 下列情形中，在当事人之间产生合同法律关系的是（　　）。

A. 甲拾得乙遗失的一块手表

B. 甲邀请乙看球赛，乙没有赴约

C. 甲因放暑假，将一台计算机放在乙家中

D. 甲鱼塘的鱼跳入乙鱼塘

8. 下列命题正确的是（ ）。

A. 限制民事行为能力人订立的合同是必然无效的

B. 无民事行为能力人订立的合同是必然无效的

C. 无代理权人以他人名义订立的合同是必然无效的

D. 无处分权人订立的合同是可以有效的

9. 甲与乙于 5 月 2 日约定，“如果甲考上大学，乙将以每月 100 元的价格将其计算机租给甲”。7 月 30 日，甲如愿考上大学。关于甲与乙之间协议认定说法正确的是（ ）。

A. 合同于 7 月 30 日成立

B. 合同于 5 月 2 日成立

C. 合同于 5 月 2 日生效

D. 该合同为附期限合同

10. 甲商场与乙制衣厂订立了一份总货款为 50 万元的羽绒服买卖合同，合同约定任何一方违约均应向对方支付货款总额 20% 的违约金。现乙制衣厂因订货单过多而延迟 10 日交货，给甲商场造成了 1 万元的损失。下列有关乙制衣厂责任说法正确的是（ ）。

A. 乙制衣厂应支付 10 万元违约金给甲商场

B. 乙制衣厂可以请求人民法院适当减少违约金数额

C. 乙制衣厂在支付违约金之后，可以不向甲商场交货

D. 甲乙双方约定的违约金比例违反法律规定，乙制衣厂可以请求人民法院宣告合同无效

多项选择题

11. 下列适用《合同法》调整的协议有（ ）。

A. 甲与乙关于离婚的财产分割协议

B. 村民甲与所在的集体经济组织乙签订的土地承包协议

C. 甲与乙订立的使用丙肖像的协议

D. 遗赠抚养协议

12. 下列说法正确的有（　　）。

A. 对于无偿合同，一般不实行严格归责

B. 对于无偿合同，债权人为无民事行为能力人也可

C. 以转移物的所有权为主要目的的无偿合同，转让人是无权处分人，受让人应向有权处分人返还原物

D. 无偿合同中失去利益的一方由于利益的丧失造成难以履行对其他债权人的债务时，其他债权人可以行使撤销权

13. 下列说法正确的有（　　）。

A. 悬赏广告的性质是要约

B. 悬赏广告的性质是要约邀请

C. 房地产公司售房广告中的允诺（如绿化率、小区农贸市场、免费班车等）是要约邀请中的允诺

D. 房地产公司售房广告中的允诺（如绿化率、小区农贸市场、免费班车等）如未兑现，房地产公司应承担违约责任

14. 根据我国《合同法》，下列关于承诺期限表述正确的有（　　）。

A. 要约以信件作出的，承诺期限自信件载明的日期开始计算

B. 要约以信件作出的，信件中载明的日期与投寄该信件的邮戳日期不一致的，承诺期限自投寄该信件的邮戳日期开始计算

C. 要约以电报作出的，承诺期限自电报交发之日开始计算

D. 要约以电话、传真等快速通信方式作出的，承诺期限自要约到达受要约人时开始计算

15. 根据我国《合同法》，下列关于要约失效表述正确的有（　　）。

A. 拒绝要约的通知到达要约人

B. 要约人依法撤回要约

C. 承诺期限届满，受要约人未作出承诺

D. 受要约人对要约的内容作出变更

16. 下列关于可撤销合同表述正确的有（　　）。

A. 可撤销合同主要是意思表示不真实的合同

B. 可撤销合同自撤销权人向对方作出撤销合同的意思表示到达对方时产生自始没有法律约束力的效果

C. 撤销权人可以合同具有可撤销的因素为由拒不履行其合同义务

D. 可撤销合同中的撤销权人可以请求变更合同

17. 下列关于合同效力问题表述不正确的有（　　）。

A. 法律、行政法规规定采用书面形式订立合同，当事人未采用书面形式的，合同无效

B. 无处分权人处分他人财产订立的合同，合同无效

C. 法律、行政法规规定应当办理批准、登记手续生效的，当事人在合同订立后未办理相应批准、登记手续的，合同无效

D. 限制民事行为能力人订立的与其年龄、智力、精神健康状况不相适应的合同属于效力待定合同

18. 房地产开发商甲于 2018 年 6 月 20 日与乙订立了以商品房 A 为标的物的买卖合同，并在乙的要求下对合同作了公证。2018 年 7 月和 8 月，甲又分别与丙、丁订立了同样以商品房 A 为标的物的买卖合同。2018 年 9 月 20 日，甲将商品房 A 的钥匙交给丙，同日将商品房 A 过户给丁。下列说法正确的有（　　）。

A. 甲与乙订立的合同有效，商品房的所有权归乙

B. 甲与丙订立的合同属于可撤销合同，如丙不主张撤销，商品房的所有权归丙

C. 甲与丁订立的合同属于可撤销合同，如丁不主张撤销，商品房的所有权归丁

D. 甲与丁订立的合同属于可撤销合同，如丁不主张撤销，丁可追究甲的违约责任

19. 甲对乙享有 1 万元债权，乙对丙享有 1 万元债权，乙与丙约定，乙对丙的债权由甲行使。下列说法正确的有（　　）。

A. 乙仅需通知甲，无须甲同意，即可实现债权转让的效果

B. 只有甲同意，才可实现债务承担

C. 乙通知甲，产生丙加入乙对甲的债务的效力

D. 乙与丙的约定，产生为第三人利益的法律效果

20. 张某送给刘某一辆汽车，已经办理了过户手续。下列观点错误的有（　　）。

A. 刘某因紧急避险使张某受重伤，张某可以撤销赠与

B. 刘某因正当防卫使张某受重伤，张某可以撤销赠与

C. 刘某揭发张某的犯罪行为，张某锒铛入狱，张某可以撤销赠与

D. 刘某把张某殴打成植物人，张某可以撤销赠与

三、判断题

1. 承诺应当在要约确定的期限内到达要约人，受要约人超过承诺期限发出承诺的，一律视为新要约。（　　）

2. 不安抗辩权属于不安定的抗辩权。（　　）

3. 同时履行抗辩权是当事人双方同时抗辩。（　　）

4. 订立合同时未向对方告知有关信息，导致合同不成立，对方受到损失的，构成缔约过失责任。（　　）

5. 可撤销合同应当在知道或者应当知道撤销事由之日起 1 年内提出撤销。（　　）

6. 甲、乙两家公司同时向对方发出内容相同的要约，甲公司的要约 10 日到达乙公司，乙公司的要约 11 日到达甲公司，合同自 11 日起成立。（　　）

7. 无民事行为能力人不能作为购买人订立买卖合同，但可以作为赠与人订立赠与合同。（　　）

8. 双务合同是有偿合同，有偿合同也是双务合同。（　　）

9. 合同是当事人之间设立、变更、终止民事权利义务关系的意思表示一致的协议。（　　）

10. 悬赏广告属于要约。（　　）

四、简答题

1. 简述《合同法》的特征。

2. 简述《合同法》的基本原则。

3. 简述合同订立的程序。

4. 承担缔约过失责任的情形有哪些？

5. 简述要约和要约邀请的区别。

6. 在哪些情形下可以撤销合同？

7.《合同法》的适用范围是什么？

8. 无效合同有哪些情形？

9. 合同变更的要件类别有哪些？

10. 简述不安抗辩权的成立要件。

五、案例分析题

甲公司闲置一台价值 1 000 万元的精密机床。该公司董事长王某与乙公司签订了一份机床转让合同。合同约定：精密机床交易价格为 950 万元，甲公司于 10 月 31 日前交货，乙公司在收货后 10 天内付清款项。在交货日前，甲公司发现乙公司经营状况恶化，通知乙公司中止交货并要求乙公司提供担保，乙公司予以拒绝。又过了一个月，甲公司发现乙公司经营状况进一步恶化，于是提出解除合同。乙公司遂向法院起诉。法院查明：①甲公司股东会决议规定，对精密机床等重要资产的处置应经股东会特别决议；②甲公司的精密机床原由丙公司保管，保管期限至 10 月 3 日，保管费 50 万元。11 月 5 日，甲公司将精密机床提走，并约定 10 天内付保管费，如果 10 天内不付保管费，丙公司可对该精密机床行使留置权。现丙公司要求对该精密机床行使留置权。

问题：

（1）甲公司与乙公司之间转让精密机床的合同是否有效？为什么？

（2）甲公司中止履行合同的理由能否成立？为什么？

（3）甲公司能否解除合同？为什么？

（4）假设法院查明，乙公司实际上并不存在经营状况恶化的情形，则甲公司应负什么责任？

第三章　产品质量法

一、名词解释

1. 产品

2. 产品质量

3. 产品质量监督

4. 产品质量认证

5. 产品质量责任

二、选择题

单项选择题

1. 下列产品属于《中华人民共和国产品质量法》（以下简称《产品质量法》）

调整范围的是（　　）。

A. 原油　　B. 建筑工程质量

C. 原煤　　D. 建筑材料质量

2. 某厂开发一种新型节能电灯泡，先后制造出 10 件样品，后有 5 件样品丢失。当年某户居民家的电灯泡发生爆炸，查明原因是使用了该厂丢失的 5 件样品中的一件，而该电灯泡存在重大缺陷。该户居民要求该厂赔偿损失，该厂不同意赔偿。下列理由中最能支持该厂立场的是（　　）。

A. 该电灯泡尚未投入流通

B. 该户居民如何得到电灯泡的事实不清

C. 该户居民偷盗样品，由此造成的损失应由其自负

D. 该户居民应向提供给其电灯泡的人索赔

3. 一日，李女士在家中做饭时煤气灶突然爆炸，李女士被烧成重伤。后据质量检测专家鉴定，煤气灶发生爆炸的直接原因是设计有缺陷。本案中，可以依据（　　）判定生产者承担责任。

A. 产品存在的缺陷　　B. 产品买卖合同约定

C. 产品默示担保条件　　D. 产品明示担保条件

4. 甲公司销售给乙商场一批玻璃花瓶，称花瓶上不规则的抽象花纹为新产品特色纹样，乙商场接货后即行销售，后接到许多消费者投诉，消费者说花瓶漏水，花瓶上的花纹实际是裂缝，要求乙商场退货并赔偿损失。乙商场与甲公司交涉，甲公司辩称此类花瓶是用于插装塑料花的，裂缝不影响使用，且有特殊的美学效果，拒绝承担责任。经查，消费者所述属实。下列选项中不正确的是（　　）。

A. 乙商场应予退换并赔偿消费者损失

B. 乙商场予以退换并赔偿消费者损失后可向甲公司追偿

C. 消费者丙被花瓶裂缝划伤，可向甲公司直接索赔

D. 乙商场无过错，不应当对此负责

5. 某厂生产了一种治疗腰肌劳损的频谱治疗仪投放市场，消费者甲购买了一部，用后腰肌劳损症状大大减轻，但却患上了偏头疼症。甲询问了这种治疗仪

的其他用户，得知许多人都有类似反应。甲向该厂要求索赔。该厂对此十分重视，专门找专家作了鉴定，结论是目前科学技术无法断定治疗仪与偏头疼症之间的关系。下列观点正确的是（　　）。

A. 本着公平原则，该厂应给予消费者适当赔偿

B. 因出现不良反应的用户众多，应将争议搁置，待科技发展到能够作出明确结论时再行处理

C. 该治疗仪的功能是治疗腰肌劳损，该功能完全具备，至于其他副作用是治疗中不可避免的，该厂可不负责任

D. 由于治疗仪投入流通时的科学技术水平不能发现其存在的缺陷，该厂不用承担赔偿责任

6.（　　）可以不附加产品标志。

A. 瓶装白酒　　B. 罐装饮料

C. 散装月饼　　D. 皮鞋

7. 根据《产品质量法》的规定，生产者可以从事的行为是（　　）。

A. 生产不符合国家先进产品标准的产品

B. 伪造产品产地

C. 冒用他人的厂址

D. 在产品上加贴他人质量标志

8. 依照《产品质量法》的规定，属于该法所称“产品”的是（　　）。

A. 芝麻油　　B. 大坝

C. 冰毒　　D. 电力

9. 某厂发运一批玻璃器皿，以印有“龙丰牌方便面”字样的纸箱包装，在运输过程中由于装卸工未轻拿轻放而损坏若干件，该损失应由（　　）承担。

A. 装卸工　　B. 装卸工的雇主

C. 运输部门　　D. 该厂

10. 生产、销售不符合保障人体健康和人身、财产安全的国家标准、行业标准的产品的，责令停止生产、销售，没收违法生产、销售的产品，并应处违法生产、销售产品货值金额等值以上（　　）倍以下的罚款。

A. 10　　B. 7　　C. 5　　D. 3

多项选择题

11. 下列产品中存在《产品质量法》所称“缺陷”的有（　）。

A. 致人中毒的假酒

B. 口感不佳的劣酒

C. 易醉人的高度酒

D. 突然爆炸并炸坏家具的汽酒（爆炸原因为气压过高）

12. 下列产品中应有警示标志或中文警示说明的有（　）。

A. 有副作用的药品　　B. 需稀释方可使用的农药

C. 易燃易爆物　　D. 书籍

13. 销售者在产品质量方面承担民事责任的具体形式有（　）。

A. 修理　　B. 更换　　C. 退货　　D. 赔偿

14. 产品或者其包装上的标志应当具有的内容包括（　）。

A. 检验合格证明

B. 有中文标明的产品名称、生产厂厂名和厂址

C. 限期使用的产品，应当在显著位置标明生产日期或者失效日期

D. 裸装产品不必附加产品标志

15. 下列说法正确的有（　）。

A. 销售者不能指明缺陷产品的生产者，也不能指明缺陷产品的供货者的，销售者应当承担赔偿责任

B. 鞭炮的包装上可以不加警示标志

C. 因产品存在缺陷造成损害要求赔偿的诉讼时效期间为 3 年

D. 国家对产品质量实行以抽查为主要方式的监督检查制度

16. 下列应被禁止的行为有（　）。

A. 生产者生产国家明令淘汰的产品

B. 生产者伪造产地

C. 生产者伪造认证标志

D. 生产者生产的产品以次充好

17. 丁某、丁妻、丁子及邻居王某正在丁某家中闲聊，丁某家刚买的电视机发生爆炸，他们被不同程度炸伤。经鉴定，电视机发生爆炸是由内部短路造成的。有权要求电视机销售者赔偿的有（　　）。

A. 丁某　　B. 丁妻

C. 丁子　　D. 邻居王某

18. 销售者不得销售的产品有（　　）。

A. 伪造产地的产品　　B. 冒用他人厂名、厂址的产品

C. 伪造认证标志的产品　　D. 冒用认证标志的产品

19. 行政责任的具体承担方式有（　　）。

A. 责令改正　　B. 警告

C. 损害赔偿　　D. 没收非法所得

20.《中华人民共和国刑法》专门规定了“生产、销售伪劣产品罪”，属于这种情形的有（　　）。

A. 生产、销售假药、劣药已经危害或足以危害人体健康的

B. 生产、销售不符合卫生标准的食品，造成严重食物中毒事故的

C. 在食品、饮料、酒类中掺入有毒、有害物质，造成伤亡事故的

D. 生产、销售假农药、假化肥、假种子造成严重后果的

三、判断题

1. 国家监督抽查的产品，地方可以另行重复抽查；上级监督抽查的产品，下级可以另行重复抽查。（　　）

2. 因产品存在缺陷造成损害要求赔偿的诉讼时效期间为 2 年，自当事人知道或者应当知道其权益受到损害时起计算。（　　）

3. 企业根据自愿原则可以向国务院市场监督管理部门认可的或者国务院市场监督管理部门授权的部门认可的认证机构申请企业质量体系认证。（　　）

4.《产品质量法》所称的“产品”是指经过加工、制作的产品。（　　）

5. 生产者不得伪造或者冒用认证标志等质量标志。（　　）

6. 根据产品的特点和使用要求，需要标明产品规格、等级、所含主要成分

的名称和含量的，用中文相应予以标明。（　　）

7. 因产品存在缺陷造成受害人人身伤害的，侵害人应当赔偿医疗费、治疗期间的护理费、因误工减少的收入等费用。（　　）

8. 销售者没有必要执行进货验收制度。（　　）

9. 因产品存在缺陷造成损害要求赔偿的请求权，在造成损害的缺陷产品交付最初消费者满 5 年丧失；但是，尚未超过明示的安全使用期的除外。（　　）

10. 销售者依照相关规定负责修理、更换、退货、赔偿损失后，属于生产者的责任或者属于向销售者提供产品的其他销售者的责任的，销售者有权向生产者、其他销售者追偿。（　　）

四、简答题

1.《产品质量法》规定的生产者不承担损害赔偿责任的情形有哪些?

2. 产品或者其包装上的标志应当具有哪些内容?

3. 哪些物品不适用《产品质量法》？

4. 简述我国产品质量监督体制。

5. 当销售者售出的产品出现哪些情形时，销售者应当负责修理、更换或者退货？

五、案例分析题

1. 2018 年 3 月 20 日，李女士在某市人民商场购买了一部电吹风机。当日，李女士在正常使用该电吹风机过程中，电吹风机发生漏电，李女士被电流击伤，造成手指残废。2019 年 4 月 2 日，李女士对该市人民商场提起诉讼，请求法院判决人民商场对其因触电致残承担赔偿责任。人民商场在答辩状中称：第一，根据《中华人民共和国民法通则》的规定，因身体伤害要求赔偿的诉讼时效期间为 1 年，因此原告的起诉已过诉讼时效；第二，原告触电是由于电吹风机存在质量缺陷，被告作为产品销售者没有过错，因此原告无权要求人民商场承担赔偿责任，原告应向电吹风机的生产者某省 B 电器厂提出赔偿。法院认为，被告的两条答辩理由均不成立，最后判决人民商场败诉。

问题：

（1）被告人民商场的第一条答辩理由为什么不成立？

（2）被告人民商场的第二条答辩理由为什么不成立？

（3）如果经鉴定，电吹风机发生漏电确系该产品的设计与制造工艺缺陷所致，人民商场赔偿后，李女士对某省 B 电器厂享有什么权利？

2. 张某在某皮衣厂购得一件价格为 2 100 元的皮衣，皮衣厂销售人员声明“当面检验，概不退货”。张某回家后发现皮衣脱皮，遂向该皮衣厂销售人员提出退货，被皮衣厂销售人员拒绝。于是，张某在电视台的帮助下对皮衣厂进行了曝光。

问题：

（1）张某是否有权对皮衣厂进行曝光？为什么？

（2）皮衣厂是否应承担产品责任？为什么？

第四章　消费者权益保护法

一、名词解释

1. 消费者

2. 消费者权益保护法

3. 消费者协会

4. 知悉真情权

二、选择题

单项选择题

1.《中华人民共和国消费者权益保护法》(以下简称《消费者权益保护法》)实施的时间是(　　)。

A. 1993 年 10 月 31 日　　B. 1993 年 1 月 1 日

C. 1994 年 10 月 31 日　　D. 1994 年 1 月 1 日

2. 消费者为(　　)消费需要购买、使用商品或者接受服务的，其权益受

《消费者权益保护法》保护。

A. 生产　　B. 生活

C. 生产和生活　　D. 个人

3. 经营者提供商品或者服务，应向消费者出具购货凭证或者服务单据；消费者索要购货凭证或者服务单据的，经营者（　　）出具。

A. 必须　　B. 不一定

C. 可以　　D. 视具体情况而定

4. 我国《消费者权益保护法》规定，消费者组织是为了维护消费者合法权益而组织的（　　）。

A. 行政机关　　B. 事业单位

C. 社会团体　　D. 企业法人

5. 消费者王某在购买商品后发现商品存在瑕疵，下列说法正确的是（　　）。

A. 王某只能向该商品的生产者主张赔偿

B. 王某可以向该商品的销售者主张赔偿

C. 王某既可以向该商品的销售者主张赔偿，也可以向该商品的生产者主张赔偿

D. 若该商品的销售者有证据表明该商品存在的瑕疵是在销售过程中其他销售者所致，则其有权拒绝赔偿

6. 消费者协会不应履行的职能是（　　）。

A. 向消费者提供消费信息和咨询服务

B. 参与有关行政部门对商品和服务的监督、检查并对违法生产商进行处罚

C. 就有关消费者合法权益的问题，向有关行政部门反映、查询，提出建议

D. 受理消费者的投诉，并对投诉事项进行调查、调解

7.《消费者权益保护法》调整的对象是（　　）。

A. 消费者为生产需要购买、使用商品或者接受服务时所发生的法律关系

B. 各商家为经营需要而发生的购销关系

C. 消费者为生活消费需要购买、使用商品或者接受服务而发生的法律关系

D. 消费者为营利而进行的购销活动

8. 甲厂生产一种易拉罐装碳酸饮料，消费者丙从乙商场购买了此种饮料，在开启时易拉罐发生爆炸，丙被炸伤眼部。下列选项中正确的是（　　）。

A. 丙只能向乙商场索赔

B. 丙只能向甲厂索赔

C. 丙只能向消费者协会投诉，请其确定向谁索赔

D. 丙可向甲厂、乙商场中的一个索赔

9.《消费者权益保护法》中消费者的消费客体是（　　）。

A. 生活消费　　B. 商品

C. 服务　　D. 商品和服务

10. 消费者为生活消费需要购买、使用商品或者接受服务（　　）《消费者权益保护法》调整的范围。

A. 不属于　　B. 属于

C. 部分属于　　D. 部分不属于

多项选择题

11. 消费者和经营者发生消费者权益争议时的解决途径有（　　）。

A. 与经营者协商和解

B. 请求消费者协会调解

C. 根据与经营者达成的仲裁协议提请仲裁机构仲裁

D. 向有关行政部门申诉

12. 经营者侵害消费者人格尊严或者侵犯消费者人身自由的，应当承担（　）责任。

A. 停止侵害　　B. 恢复名誉

C. 消除影响　　D. 赔礼道歉

13. 根据《消费者权益保护法》的规定，消费者协会不得（　　）。

A. 从事商品经营　　B. 从事营利性服务

C. 从事咨询服务　　D. 受理消费者的投诉

14. 经营者提供商品或者服务，造成消费者或者其他受害人人身伤害的，应当支付（　　）。

A. 医疗费　　B. 治疗期间的护理费

C. 因误工减少的收入　　D. 生活补助费

15. 经营者生产、销售商品不符合保障人身、财产安全要求的，由市场监督管理部门（　　）。

A. 责令改正　　B. 警告

C. 没收非法所得　　D. 批评教育

16. 经营者与消费者进行交易，应当遵循的原则有（　　）。

A. 自愿　　B. 平等

C. 公平　　D. 诚实信用

17. 消费者在购买、使用商品和接受服务时享有（　　）不受损害的权利。

A. 人身　　B. 财产安全

C. 名誉　　D. 生命健康

18. 消费者与经营者进行交易，享有的权利有（　　）。

A. 知悉真实情况　　B. 自主选择

C. 公平交易　　D. 获得赔偿

19. 消费者在自主选择商品或者服务时，有权进行（　　）。

A. 比较　　B. 鉴别

C. 挑选　　D. 强迫交易

20.《消费者权益保护法》的基本原则有（　　）。

A. 合法原则　　B. 国家保护原则

C. 社会保护原则　　D. 平等、自愿原则

三、判断题

1. 农民购买、使用直接用于农业生产的生产资料，适用《消费者权益保护法》。（　　）

2. 经营者侵害消费者人格尊严或者侵犯消费者人身自由的，应当停止侵害、恢复名誉、消除影响、赔礼道歉，并赔偿损失。（　　）

3. 消费者为生产和生活消费需要购买、使用商品或者接受服务，受《消费

者权益保护法》保护。（　　）

4. 保护消费者的合法权益是消费者协会的责任。（　　）

5. 消费者享有自主选择商品或者服务的权利。（　　）

6. 商店提供商品应当明码标价。（　　）

7.《消费者权益保护法》规定，格式合同可以作出对消费者不公平、不合理的规定。（　　）

8. 经营者不得对消费者进行侮辱、诽谤，不得搜查消费者的身体及其携带的物品，不得侵犯消费者的人身自由。（　　）

9. 租赁他人柜台或者场地的经营者可以不标明自己的真实名称和标记。（　　）

10. 消费者在购买商品或者接受服务时，有权拒绝经营者的强制交易行为。（　　）

四、简答题

1.《消费者权益保护法》中规定消费者享有哪些基本权利?

2. 消费者权益保护的途径有哪些?

3. 经营者的法定义务和约定义务是什么？

4. 消费者协会的职能有哪些？

5.《消费者权益保护法》的适用范围是什么？

五、案例分析题

1. 张女士在某百货商场购买了一件促销的纯羊毛大衣，售价 1 180 元，商场标明“促销商品，概不退换”。张女士穿了 3 天后，衣服起满毛球，于是到市市场监督管理部门检验，检验结果证明羊毛大衣所用原料为 100% 腈纶。张女士要求百货商场退货，商场工作人员以“促销商品，概不退换”为由拒绝了张女士的要求。

问题：该百货商场违反了我国《消费者权益保护法》的哪些规定？

2. 2019 年 4 月，消费者周某到马某的个体皮鞋专卖店买鞋，试穿几双后，均感不合适就没有购买，马某对此不满，辱骂并殴打周某。周某向本地市场监督管理局投诉。市场监督管理局责令马某停业整顿 3 天，并处以罚款 1 000 元。

问题：市场监督管理局对马某的处罚有没有法律依据？如有，请具体指出。

第五章　商务活动中的其他相关法律

一、名词解释

1. 知识产权法

2. 专利权的主体

3. 优先权原则

4. 商标注册

5. 食品安全标准

6. 食品安全事故

二、选择题

单项选择题

1. 外观设计应当具有（　　）。

A. 新颖性　　B. 创造性

C. 实用性　　D. 推广性

2. 下列选项中可以申请专利的是（　　）。

A. 康乃馨新品种的培育方法

B. 颈椎病的手术治疗方法

C. 高尔夫球比赛的新规则

D. 航天器运行轨道的计算方法

3. 根据《中华人民共和国著作权法》（以下简称《著作权法》）的规定，电影作品的著作权（署名权除外）属于（　　）。

A. 导演　　B. 演员

C. 编剧　　D. 制片人

4. 下列申请注册的商标将被依法驳回的是（　　）。

A. 在家具上申请注册“纯木”商标

B. 在商品房上申请注册“高宏”商标

C. 在药品上申请注册“峨眉山”商标

D. 在电风扇上申请注册“飞飞”商标

5. 注册商标使用的文字、图形或者组合应当符合的条件是（　　）。

A. 新颖性　　B. 创造性

C. 有显著特征，便于识别　　D. 富有美感并适于应用

6. 下列关于知识产权说法不正确的是（　　）。

A. 知识产权的产生均以注册登记为条件

B. 知识产权属于私权

C. 知识产权属于无形财产权

D. 知识产权包括工业产权和著作权

7. 某研究所图书馆收藏了自研究所成立以来的全部设计图样，图样上均标明“内部技术资料，不得外借，仅供在本馆阅读”，这些设计图样属于研究所的（　　）。

A. 经营信息　　　　B. 技术秘密

C. 专利技术　　　　D. 外观设计

8. 与知识产权有关的不正当竞争行为包括（　　）。

A. 商业贿赂　　　　B. 串通投标

C. 不正当有奖销售　　　　D. 侵犯商业秘密

9. 下列不属于不正当竞争行为的有（　　）。

A. 第三人以明知或者应知是法律所禁止的行为，获取、使用或者披露他人商业秘密的行为

B. 经营者以低于成本价格销售商品用于清偿债务的行为

C. 擅自使用他人企业名称或者姓名引人误认为是他人商品的行为

D. 串通勾结招投标的行为

10. 商业贿赂的主要表现形式是（　　）。

A. 折扣　　B. 回扣　　C. 佣金　　D. 酬金

11. 下列以低于成本价格销售商品的行为中，属于不正当竞争行为的是（　　）。

A. 销售鲜活商品　　　　B. 季节性降价

C. 处理积压商品　　　　D. 开业促销大酬宾

12. 经营者从事的抽奖式有奖销售，最高奖的金额不得超过（　　）元。

A. 1 000　　　　B. 5 000

C. 10 000　　　　D. 20 000

13. 每年的 4 月 22 日是（　　）。

A. 世界环境日　　　　B. 世界地球日

C. 全国土地日　　　　D. 国际爱鸟日

14.《中华人民共和国环境保护法》（以下简称《环境保护法》）最早规定的三项基本制度是指环境影响评价制度、排污收费制度和（　　）。

A. 限期治理制度　　　　　　　　　　B. 排污许可证制度

C.“三同时”制度　　　　　　　　　 D. 目标责任制度

15. 根据国家有关规定，下列不属于餐饮服务许可范围业态的是（　　）。

A. 小吃店　　　　　　　　　　　　B. 食品摊贩

C. 学校食堂　　　　　　　　　　　D. 集体用餐配送单位

多项选择题

16. 不能授予专利权的对象有（　　）。

A. 科学发现及动物和植物品种　　　B. 智力活动的规则和方法

C. 疾病的诊断和治疗方法　　　　　D. 用原子核变换方法获得的物质

17. 消费者张某在某商场购买了乙厂生产的压力锅，该压力锅后经有关部门鉴定为不合格产品，张某找到商场要求退货。下列处理方法不正确的有（　　）。

A. 该商场认为购物小票上已经注明“一经售出，概不退换”，因此拒绝退货

B. 该商场认为该产品经过修理能达到合格，因此拒绝退货

C. 该商场按照消费者的要求无条件负责退货

D. 该商场可以依法选择修理、更换、退货中的任一方式

18.《中华人民共和国专利法》（以下简称《专利法》）的特征有（　　）。

A. 独占性　　　　　　　　　　　　B. 时间性

C. 地域性　　　　　　　　　　　　D. 实用性

19. 商标按照使用对象可分为（　　）。

A. 商品商标　　　　　　　　　　　B. 服务商标

C. 集体商标　　　　　　　　　　　D. 文字商标

20. 不受《著作权法》保护的对象包括（　　）。

A. 依法禁止出版、传播的作品

B. 法律、法规，国家机关的决定、决议

C. 已过著作权保护期的作品

D. 时事新闻、历法、通用数表和公式

21. 不正当竞争行为主要包括（　　）。

A. 假冒或者仿冒行为、虚假宣传行为

B. 商业贿赂行为

C. 不正当有奖销售行为

D. 不正当低价销售行为

22. 商标注册的原则包括（ ）。

A. 自愿注册和强制注册相结合的原则

B. 申请在先为主、使用在先为辅的原则

C. 优先权原则

D. 一类商标、一份申请的原则

23.《中华人民共和国民法总则》规定，权利人依法就（ ）客体享有知识产权。

A. 地理标志

B. 商业秘密

C. 集成电路布图设计

D. 植物新品种

E. 商标

24. 根据我国《专利法》的规定，授予专利权应当具备的条件有（ ）。

A. 创造性

B. 新颖性

C. 实用性

D. 特异性

E. 显著性

25. 电视台对其自行制作的奥运会专题节目享有的权利有（ ）。

A. 许可其他电视台转播

B. 许可他人录制在音像载体上

C. 许可他人进行改编

D. 在电视台网站上进行播放

E. 作为电视台其他节目的背景画面

三、判断题

1.《专利法》不具有时间性的特征。（ ）

2.《专利法》的保护对象是发明、实用新型、外观设计。（ ）

3. 商标注册原则适用申请在先为主、使用在先为辅的原则。（ ）

4. 依法禁止出版、传播的作品也是《著作权法》的保护对象。（ ）

5. 不正当竞争行为主要有假冒行为、虚假宣传行为、商业贿赂行为、非法

有奖销售行为、经济垄断行为、行政垄断行为等。（ ）

6. 被侵害的经营者的合法权益受到不正当竞争行为损害的，只能向人民法院提起诉讼。（ ）

7.《环境保护法》的基本制度之一是“三同时”制度。（ ）

8.《中华人民共和国食品安全法》（以下简称《食品安全法》）明确了名人作食品广告要承担连带责任的内容。（ ）

9. 食品安全标准只有食品安全国家标准这一种标准。（ ）

10. 食品生产经营者应当对召回的食品采取无害化处理、销毁等措施，并将食品召回和处理情况向所在地县级人民政府食品安全监督管理部门报告。（ ）

四、简答题

1.《专利法》的保护对象有哪些？

2. 商标注册的原则是什么？

3. 不正当竞争行为的种类有哪些？

4.《食品安全法》的适用范围有哪些？

5. 若发生食品安全事故，相关部门应该如何处理？

五、案例分析题

1. A 酒厂于 2019 年 1 月 20 日在省市场监督管理局核准注册了圆圈图形“喜凰”商标一枚，用于本厂生产的白酒。此酒的瓶贴装潢上除印有圆圈图形“喜凰”的注册商标外，还印有“喜凰酒”这一特定名称。

B 酒厂也生产白酒，其注册商标为圆圈图形“福山”。B 酒厂为与 A 酒厂争夺市场，持 A 酒厂的“喜凰”商标到某印刷厂，让其将“喜凰”更换为“福山”，将“喜凰酒”的“凰”字更换为“凤”字，后批量印刷为瓶贴装潢用于本厂生产的白酒，并投放市场进行销售。

由于 B 酒厂的瓶贴装潢在设计、构图、字形、颜色等方面与 A 酒厂近似，因此，造成消费者误认误购。B 酒厂还在同一市场中采取压价的手段与 A 酒厂竞争，致使 A 酒厂的“喜凰”酒滞销，给 A 酒厂带来重大经济损失。

为此，A 酒厂以 B 酒厂侵害其商标专用权为由，向人民法院提起诉讼。B 酒厂辩称，自己产品的注册商标是“福山”，而 A 酒厂的注册商标是“喜凰”，双方白酒的商标既不相同也不近似，不存在侵犯原告商标专用权的事实。

问题：该行为是不正当竞争，还是商标侵权？被告 B 酒厂的行为是否侵犯了原告 A 酒厂的商标专用权？

2. 君帅服装厂的产品全部使用“君帅”商标。某日，该厂经理在逛商场时发现，S 公司销售的 S 牌男装在服装面料、做工、式样上与君帅服装厂的产品完全相同，但价格却是“君帅”男装的 3 倍。后经调查发现，S 公司在市场上大批购买了“君帅”男装后，将商标换成 S 商标再行出售。君帅服装厂认为 S 公司的行为属于不正当竞争行为，同时侵犯了其商标专用权。

问题：

（1）S 公司是否存在不正当竞争行为？

（2）S 公司是否构成商标侵权？